Marie-Hélène Delval

Les chats

BAYARD ÉDITIONS

Illustration de couverture François Roca

© Bayard Éditions, 1997
3, rue Bayard, 75008 PARIS

ISBN : 2 227 73900 2
Dépôt légal : novembre 1997

Loi 49956 du 16 juillet 1949 sur les publications destinées à la jeunesse
Reproduction, même partielle, interdite

Je n'oublierai jamais ce matin-là, le matin où est apparu le premier chat.

Le ciel était pourtant si bleu, si clair. Le vent sentait le chèvrefeuille. C'était le début des vacances et j'étais heureux. Comment aurais-je pu imaginer l'horreur qui se préparait ?

Ce matin-là, je pédalais joyeusement vers la maison de Da, une jolie vieille maison presque totalement recouverte de lierre, en bordure du bois, à deux kilomètres à peine de chez nous. Depuis le jour où j'avais su faire du vélo, maman me laissait y aller tout seul, les jours où il n'y avait pas d'école. La petite route n'était pas dangereuse, il n'y passait presque jamais personne. Je me disais que Da allait peut-être m'emmener à la pêche. Je savais que je resterais ici tout l'été. Papa avait perdu son travail à la fabrique de chaussures. Mes parents m'avaient expliqué avec beaucoup de précautions que cette année on ne pourrait pas aller au bord de la mer, dans un camping, comme d'habitude. J'avais bien vu qu'ils avaient peur de me faire de la peine. Mais ça m'était égal de ne pas aller à la mer. J'allais passer l'été avec Da, et ça serait bien plus passionnant.

Non, je ne me doutais pas de ce que me réservait cet été-là. Le ciel était si bleu. Une alouette chantait au-dessus de moi, très haut. Et le vent sentait le chèvrefeuille.

J'ai quitté la route pour prendre l'allée qui mène à la maison de Da. J'ai laissé tomber mon vélo dans l'herbe, m'apprêtant à courir vers le perron. Et j'ai vu ce chat…

C'était un très beau chat, un chat noir, avec un pelage si lisse et si luisant qu'on l'aurait cru peint à la laque. Il était assis au milieu de l'allée, le dos droit, ses deux pattes avant jointes et sa longue queue ramenée soigneusement par devant. Les moustaches raides, les oreilles dressées, il me regardait venir sans bouger un cil. En m'approchant, j'ai vu qu'il était totalement noir, sans le moindre poil blanc.

Les chats

J'aime bien les chats. Mais en passant près de lui, je ne me suis pas penché pour le caresser. Ce chat-là m'intimidait. Il avait l'air si... comment dire ? si sûr de lui !

J'ai couru vers le perron en appelant :

– Da ! Tu es là ? C'est moi !

Da est sorti de sa petite cuisine et il a posé ses deux mains sur mes épaules :

– Ça va, Sébasto ?

On ne s'embrassait jamais, avec Da. Mais il avait une façon de me prendre par les épaules qui en disait peut-être plus.

Da était mon grand-père d'adoption, car je n'ai pas de grands-parents. Mon père et ma mère sont tous les deux orphelins, des enfants de l'Assistance, comme on dit. C'est sans doute ce qui les a rapprochés quand ils se sont rencontrés. Ils se sont aimés, ils se sont mariés. Ils ont rêvé d'une grande famille avec beaucoup d'enfants, la famille qu'ils n'avaient jamais eue. Mais les choses ne vont pas toujours comme on les a rêvées. Je suis né, et ça ne s'est pas bien passé. Les médecins ont dit à maman qu'elle n'aurait plus jamais d'enfant. C'est sans doute pourquoi je sens parfois ses yeux sur moi, si songeurs, comme s'ils regardaient à travers moi, très loin.

Da s'était installé dans le pays peu de temps avant ma naissance. Il avait sympathisé avec mes parents. Puis il m'avait adopté comme son petit-fils. Quand il passait devant chez nous dans sa vieille camionnette bringuebalante pour aller à la ville, il n'oubliait jamais de donner trois petits coups de klaxon. Alors on disait :

– Tiens, voilà Da qui s'en va au marché !

Son vrai prénom, c'était Damascène. C'est pour ça qu'on l'appelait Da, c'était moins compliqué.

Les chats

– Da, qu'est-ce que c'est que ce chat ?
– Je ne sais pas d'où il vient, a-t-il dit en haussant les épaules. Il était là quand j'ai ouvert la porte ce matin. Il n'est pas maigre et il n'est pas affamé. Je lui ai proposé des restes de poulet, mais il n'y a pas touché.
– C'est peut-être un chat sauvage qui a l'habitude de se nourrir tout seul ?
– Peut-être, oui. Pourtant, il n'a pas l'allure d'un chat sauvage. Il est si soigné, si lisse ! Et tu as vu, a ajouté Da en riant, il est noir comme un diable !
Nous avons ri tous les deux. Si nous avions su…

Non, nous ne nous doutions de rien, ce matin-là. L'été commençait, et que pouvait-il être d'autre qu'une longue suite d'heureuses journées ensoleillées ?

Nous étions si bien ensemble, Da et moi ! Quand j'étais petit, il m'appelait « mon p'tit rat ». Puis j'ai grandi, et il s'est mis à m'appeler Sébasto. Mais ça lui arrivait encore de dire « mon p'tit rat », quelquefois. Il avait été marié, Da. Il avait eu une femme et une fille. Leurs portraits étaient accrochés au mur, dans la salle à manger. On y voyait une dame avec une robe à rayures, coiffée en chignon, avec des bouclettes qui retombaient sur son front. Elle était jolie. La petite fille aussi était jolie, brune, très pâle, avec de grands yeux graves. Elle était morte à treize ans de la tuberculose. On ne savait pas soigner ces maladies-là à l'époque. Je crois que sa mère était morte peu de temps après elle. Ce sont mes parents qui me l'avaient raconté, parce que Da, lui, il n'en parlait jamais.

Quand il s'était installé dans le pays, par quel hasard, par quel destin avait-il choisi justement cette maison-là, cette maison isolée au pied de la colline, en bordure du bois, la maison qu'allaient choisir aussi les chats… ?

Je revois comme dans un rêve ces dernières heures de paix ensoleillée.

Da et moi, nous avons fait sauter une montagne de crêpes. Nous les avons largement arrosées de chocolat fondu et nous les avons mangées à l'ombre du pommier en buvant du cidre bien frais. Le chat s'était installé sur le perron et il nous regardait, immobile tel une idole de pierre. Mais je n'y prêtais guère attention. Je racontais à Da qu'on n'irait pas au bord de la mer, mais que ça m'était bien égal, puisque je pourrais venir le voir tous les jours.

Il a pris un air inquiet pour me demander :
– Tu es sûr que tu ne regrettes pas la mer ?
Mais je voyais bien qu'il n'était pas inquiet du tout. Il avait des yeux qui disaient très fort à quel point il était content de m'avoir avec lui tout l'été. Et moi, j'étais aussi content que lui.

J'étais sûr de ne jamais m'ennuyer une minute avec Da. Il était encore bien vaillant malgré son âge. Il faisait du vélo, il bêchait son jardin, il élevait des poules et des lapins. Et il savait tant de choses ! Car il lisait, il dévorait les livres. Il en avait des quantités, entassés sur les étagères qui couvraient presque tous ses murs.

On est allés dans le pré ramasser des pissenlits pour les lapins. Ça raffole de pissenlits, les lapins. J'adorais les leur donner feuille par feuille, les voir tirer dessus à petit coups de tête, regarder leurs bouts de nez qui n'arrêtent pas de bouger.
Puis Da a déclaré :
– Sébasto, demain, on va à la pêche !
J'ai crié :
– Youpi !

– Mais, a-t-il ajouté, j'ai examiné les cannes. Celle que tu avais l'an dernier ne vaut plus rien. C'est une canne de gamin. Il t'en faut une nouvelle. On va prendre la camionnette et aller à la boutique de la place pour acheter du nouveau matériel. Ce sera mon petit cadeau des vacances.
J'étais si heureux que j'ai attrapé Da et je l'ai serré dans mes bras, le nez contre sa grosse chemise à carreaux. Quand j'ai relevé la tête, j'ai vu le chat, assis dans l'herbe. Il avait les babines légèrement relevées, on aurait dit qu'il riait.

Nous sommes montés dans la camionnette qui a démarré en pétaradant et nous a secoués tout le long de l'allée, jusqu'à ce qu'on atteigne la route goudronnée.
Comme nous roulions vers la petite ville, j'ai dit à Da :

Les chats

– Tu ne trouves pas qu'il a des yeux bizarres, ce chat ?
– Tu as remarqué aussi, hein ?
Il est resté un moment silencieux. Puis il a ajouté :
– Il y a des chats aux yeux jaunes ou verts, des siamois aux yeux bleus. Mais je n'avais jamais vu de chat avec des yeux d'argent.
C'était ça ! Maintenant je revoyais clairement l'étrange éclat métallique qui luisait dans les prunelles de l'animal.
Ce chat avait des yeux d'argent.

28 juin 1970

Ainsi, mon pauvre Sébasto n'ira pas au bord de la mer cette année. Et quand il me l'a annoncé, le vieil égoïste que je suis a eu bien du mal à retenir un cri de joie. Ses meilleurs copains partent en colo ou ailleurs, il ne lui reste plus que son vieux Da. L'avoir avec moi tout l'été, je n'aurais jamais osé l'espérer...
Pour apaiser ma conscience, je me dis qu'il n'a pas l'air d'en être affecté le moins du monde, au contraire. Mais dans dix ou quinze jours...?
En tout cas, je me suis promis de tout faire pour lui offrir des vacances inoubliables.

Je lui ai payé une bien belle canne à pêche, ma foi ! C'est qu'il a drôlement grandi, ces derniers mois, mon Sébasto. Il n'a plus rien du jeune chiot qui courait, sans regarder où il mettait les pieds, dans mes semis de petits pois. Et il a mûri, aussi. Même s'il n'en parle pas, il a parfaitement compris les difficultés financières de ses parents, et je sais qu'il ne fera pas d'histoires.

Douze ans ! À son âge, ma chère petite Clémence n'avait plus qu'une annnée à vivre... Si elle avait grandi, si elle m'avait donné des petits-enfants...

Et pourtant, je ne saurais désirer un meilleur petit-fils que Sébasto.

La vie, la mort, et puis encore la vie. Il faut bien l'accepter, c'est ainsi.

Drôle de bête que ce chat qui a l'air de vouloir élire domicile chez moi.

Je me demande d'où il sort. Un bel animal, bien que son regard me mette vaguement mal à l'aise. Je n'avais jamais vu un chat avec des yeux pareils. Mon premier mouvement a été de le chasser, et je me demande ce qui m'en a empêché. On dirait que cette bête a une espèce de... oui, d'autorité.

J'ai tout de même l'impression qu'il ne plaît guère à Sébasto. Lui qui aime tant les animaux, je ne l'ai pas vu une seule fois tenter de le caresser. À vrai dire, moi non plus, je n'ai pas envie de le faire. Ce chat n'est pas de ceux qu'on caresse. Enfin, s'il nous embête, il sera toujours temps de le chasser demain.

Je vais relire Balzac.

Ce soir-là, en me couchant, j'étais heureux comme jamais. Pendant le dîner, je n'avais pas cessé de parler, racontant à mes parents que nous avions passé un long moment, Da et moi, à la boutique de chasse et pêche pour me choisir une nouvelle canne, des lignes et un hameçon très joli, rouge et vert, et que le lendemain, je me lèverais tôt pour aller avec lui à la rivière, et qu'il m'avait offert aussi un panier à poisson, et que… Je parlais, je parlais. Je voyais bien que mes parents étaient contents, qu'ils ne craignaient plus de me voir regretter le camping au bord de la mer. Alors j'en rajoutais même un peu.

J'ai mis mon réveil sur six heures et me suis endormi presque aussitôt.
Au milieu de la nuit, je me suis réveillé brusquement. J'avais encore dans l'oreille quelque chose qui ressemblait à un cri, un cri de bête, bref et désespéré. J'ai écouté un moment, retenant mon souffle. Mais j'avais sans doute rêvé, car je n'ai plus rien entendu. Je me suis renfoncé dans mon oreiller et me suis rendormi jusqu'à ce que la sonnerie du réveil me fasse quasiment tomber de mon lit.

Je me suis habillé rapidement. La veille au soir,

maman m'avait préparé mon bol sur la table de la cuisine, avec la boîte de chocolat en poudre. Je n'avais plus qu'à faire chauffer le lait. Dix minutes plus tard, je pédalais vaillamment dans l'air frisquet du petit matin.

La rosée brillait sur les chèvrefeuilles qui répandaient leur parfum rien que pour moi. Soudain, j'ai ralenti. Je venais d'apercevoir une masse grise, immobile au milieu de la route. En m'approchant, j'ai vu que c'était un gros pigeon. Un pigeon mort. Ses plumes étaient tachées de sang tout autour de sa gorge, sa tête à demi arrachée. Était-ce l'œuvre d'un renard ? Mais en ce cas, pourquoi n'avait-il pas emporté sa proie pour la dévorer ?

Mettant pied à terre, j'ai fixé le pigeon qui gisait sur le sol goudronné. Quelque chose me paraissait bizarre. Mais quoi ?

Soudain, j'ai compris. Le pigeon avait été bel et bien égorgé. Mais à part quelques taches rouges sur les plumes de son cou, il n'avait pas saigné. Comme si... comme si son agresseur l'avait vidé de son sang.

Un frisson m'a couru entre les épaules. Puis je me suis ressaisi, j'ai envoyé d'un coup de pied le petit cadavre gris rouler dans l'herbe du talus, j'ai sauté sur ma bicyclette et me suis remis à pédaler.

Après tout, ce pigeon avait peut-être été égorgé ailleurs, dans les fourrés où il avait perdu tout son sang. Et le renard – ça ne pouvait être qu'un renard – avait lâché sa proie au milieu de la route parce que quelque chose l'avait effrayé.

Quand j'ai atteint l'allée qui montait vers la maison de Da, j'avais déjà oublié le pigeon.

Les premiers rayons du soleil débordaient de derrière le bois, allumant des millions de petites lumières au bout des feuilles et à la pointe des herbes. Da et moi, nous partions à la pêche, j'allais étrenner ma canne toute neuve, et ce soir, je rapporterais une belle petite friture à la maison !

Au bord de l'allée, figé dans la même pose de statue, ses deux pattes jointes et sa queue enroulée par-dessus, le chat semblait m'attendre, me fixant de ses étranges yeux d'argent.
J'ai mis pied à terre et j'ai avancé lentement.
J'ai remarqué alors une curieuse tache claire sur son poitrail.
Une plume. Une plume grise.
« Bon, me suis-je dit, c'est donc lui qui a égorgé le pigeon, j'aurais dû m'en douter. C'est nor-

mal, c'est un chat sauvage habitué à se nourrir seul. »

Mais est-ce que les chats ne font que boire le sang des bêtes qu'ils attrapent ? Est-ce qu'ils ne les mangent pas ?

Et soudain, je me suis rappelé le cri qui m'avait réveillé au milieu de la nuit, ce cri de bête blessée. Le pigeon ? Avais-je pu l'entendre de la maison ?

Peut-être que oui, après tout. Ma fenêtre était ouverte, et la nuit, les sons portent loin.

Le chat a cligné des yeux. Je lui trouvais un air de se moquer de moi qui m'agaçait et me faisait peur à la fois. Laissant tomber mon vélo dans l'herbe, je me suis élancé vers la maison en criant :

– Da ! Tu es là ?

Et je me suis arrêté.

Assis sur le perron, dans la même pose de statue, il y avait un deuxième chat.

Un chat entièrement noir, sans le moindre poil blanc.

Un deuxième chat aux yeux d'argent.

Nous avons bavardé tout le long du chemin menant à la rivière. Da n'avait guère l'air ému par l'apparition de ce deuxième chat. Il disait :
– Ça n'a rien de très étonnant, tu sais. Dans une portée, il peut tout à fait y avoir des jumeaux. Le père et la mère sont probablement noirs tous les deux. Non, la seule chose qui m'intrigue, c'est que je n'avais encore jamais vu de chat avec des yeux comme ça.

– Moi non plus, me suis-je écrié. C'est… c'est tout à fait extraordinaire, hein !
Da a souri. J'avais parlé avec la passion d'un astronome qui vient de découvrir une nouvelle planète.
En réalité, j'essayais de me débarrasser de l'étrange malaise qui m'avait saisi à la vue de ce deuxième chat, comme s'il y avait là quelque chose à comprendre, quelque chose qui m'échappait. Une pensée avait germé dans ma tête, que je n'arrivais pas à formuler. Mais c'était une pensée inquiétante.

Da s'était mis à m'expliquer la différence entre les goujons et les ablettes, qui sont à peu près de la même taille et aiment tous deux les eaux claires, quand je lui ai demandé brusquement :
– Mais à ton avis, de quoi ils se nourrissent ?

– De vers, a-t-il répondu, et aussi de petits insectes…

– Non, je veux dire… ces chats. Est-ce que tu crois qu'ils chassent ?

Da a éclaté de rire :

– Ces chats ont vraiment l'air de te tracasser, mon pauvre Sébasto !

Puis, reprenant son sérieux, il a ajouté :

– Le bois est juste derrière la maison, rempli d'oiseaux, sans compter ces champs de blé, de chaque côté du chemin, qui doivent grouiller de mulots. Les chats qui vivent en liberté peuvent être de prodigieux chasseurs, tu sais.

Je le savais. Mais cette réponse ne me rassurait pas. Je pensais au pigeon égorgé. J'avais envie d'en parler à Da, et quelque chose me retenait. J'aurais voulu lui demander si les chats sauvages BUVAIENT le sang de leurs proies. Mais

je n'osais pas. En vérité, je connaissais la réponse. Les chats ne font pas ça.
Et l'étrange pensée qui remuait dans ma tête sans que j'arrive à la formuler m'empêchait d'en dire davantage.

Le joyeux clapotis de la rivière a fini par dissiper mon anxiété.
Je me suis installé à quelques mètres de Da, assez près pour profiter de sa présence, assez loin pour ne pas risquer d'emmêler nos lignes. Je n'avais plus besoin de son aide pour accrocher les vers à mon hameçon. L'été dernier, déjà, j'étais devenu presque un virtuose. Ma nouvelle canne à pêche était une merveille de légèreté. Da m'avait vraiment fait un beau cadeau.
Nous avons passé ce jour-là des heures délicieuses au bord de cette rivière, immobiles,

silencieux. Avec Da, j'avais appris depuis longtemps à ne plus pousser des cris de jeune chiot, comme font les pêcheurs débutants, chaque fois que je tirais un poisson de l'eau. Je me contentais d'un : « Encore un », fier mais discret. Et Da me faisait alors un clin d'œil complice. Il n'avait plus besoin non plus de se déranger chaque fois pour m'aider à décrocher ma prise de l'hameçon, comme du temps où j'étais un gamin. Le petit poisson frétillant allait rapidement rejoindre les autres dans mon panier tout neuf accroché à une racine, qui remuait doucement dans le courant. Ce fut une très bonne journée de pêche.

En repassant chez Da, à la fin de l'après-midi, pour reprendre mon vélo, je n'ai pu m'empêcher de chercher les chats des yeux, mais ils avaient disparu. Ils étaient en chasse dans le bois, probablement, à l'affût des oiseaux et des mulots, comme n'importe quels chats habitués à se débrouiller seuls.

Cette nuit-là, de nouveau, quelque chose m'a tiré brusquement de mon sommeil. Je me suis dressé, le cœur battant, écoutant de toutes mes oreilles, guettant un cri de bête. Mais je n'ai plus rien entendu.
Un coup de vent a secoué les branches des arbres, dehors. C'était sans doute ce bruit qui m'avait réveillé. Il faisait presque froid. Je me suis levé pour fermer ma fenêtre.
Je me suis rendormi aussitôt.

29 juin 1970

Nous avons passé de bien bonnes heures, Sébasto et moi, au bord de la rivière aujourd'hui. Je m'émerveille de voir comme ce garçon a changé ces derniers mois. Il a gardé toute la spontanéité de la petite enfance, mais je le sens maintenant capable d'une attention, d'une réflexion, presque d'une gravité, assez exceptionnelles pour son âge.
Là où il reste encore un gamin, c'est dans sa capacité débridée d'imagination. J'ai bien senti qu'il se faisait tout un cinéma à propos de ces chats. Je dois reconnaître qu'ils sortent de l'or-

dinaire – et d'où sortent-ils, d'ailleurs ? –, avec leurs yeux dont la couleur et la consistance me rappellent le mercure se dilatant sous le verre des thermomètres. Des yeux de vif-argent...
En fermant les volets, tout à l'heure, j'ai constaté que le vent se levait. Le ciel était totalement couvert, on n'apercevait pas la moindre étoile. On aurait de la pluie demain que ça ne m'étonnerait pas. Je me demande si Sébasto viendra. J'ai cherché les chats des yeux, mais ils avaient disparu. À la chasse aux mulots, probablement. Au moins, voilà deux bêtes qui ne me coûteront pas cher à nourrir !
Une impression bizarre m'a saisi, tout à l'heure, comme je fermais la porte, un vague sentiment d'insécurité. Et j'ai donné deux tours de clé. Je ne le fais jamais, d'habitude. La vieillesse et la solitude, ça ne vous arrange pas.

J'ai repris mon Balzac. Je ne sais pourquoi, j'ai décidé de relire d'abord La peau de chagrin *; je me demande ce qui m'a poussé à sortir de ma bibliothèque cette histoire pleine d'hallucinations, où le héros se voue à la mort parce qu'il a choisi de savoir…*

J'ai lu un long moment, assis dans le fauteuil, et à plusieurs reprises il m'a semblé sentir sur moi les regards de Blanche et de Clémence, mes deux amours, dont les portraits veillent depuis tant d'années sur chacun de mes gestes, sur chacune de mes pensées, accrochés au mur côte à côte dans leurs cadres démodés, mais que je n'ai jamais voulu changer. Ce soir, leurs yeux figés dans une expression grave et tendre m'ont semblé apeurés, au point qu'en croisant leur regard, j'ai sursauté.

J'ai même demandé à voix haute : « Qu'est-ce

*qui ne va pas ? » avant de rire de moi-même.
Non, décidément le grand âge ne vous arrange
pas. La vieillesse joue avec l'ombre des morts,
sachant avec une certitude tour à tour sereine
et révulsée qu'elle les rejoindra bientôt…*

*30 juin, cinq heures trente du matin
Réveillé en sursaut par des rafales de pluie fouettant mes volets. Presque soulagé d'être tiré d'un mauvais sommeil traversé de rêves incohérents, images confuses de feu et de sang, qui me laissent exténué, un âcre goût d'angoisse à la bouche. S'il continue de pleuvoir comme ça, cette dernière journée de juin va me paraître bien longue.
Sébasto ne viendra pas.*

Le lendemain, la pluie est tombée à verse toute la matinée. Il n'était pas question que je prenne mon vélo pour pédaler jusque chez Da. Alors je me suis occupé comme j'ai pu. J'ai relu quelques-uns de mes *Tarzan* préférés. Puis je me suis installé à mon bureau pour dessiner. J'ai toujours aimé dessiner, surtout les chevaux. J'ai vraiment le coup de main pour arquer les encolures, faire voler les queues et les crinières et trouver l'angle exact que forment les jambes et les sabots.

J'ai couvert plusieurs feuilles d'étalons fougueux surpris en plein galop. Puis, machinalement, je me suis mis à crayonner une silhouette au dos arrondi, aux pattes jointes, aux oreilles droites. Un chat ! J'avais dessiné un chat noir ! J'avais l'étrange impression que ma main avait obéi à une force étrangère. C'était idiot. Il m'était déjà arrivé de dessiner des chats. Mais là, c'était différent. Je n'avais pas décidé de le représenter. C'était lui qui…

Mal à l'aise, j'ai froissé la feuille et l'ai jetée au panier. Des rafales de pluie tambourinaient sur les vitres. C'était ce sale temps qui me mettait les nerfs en pelote. J'ai souhaité soudain que les deux matous au poil si lisse et si propre soient terrés quelque part au fond du bois, trempés comme des soupes. Bien fait pour eux ! À moins que… à moins que Da ne les ait fait rentrer à l'abri dans sa cuisine. Il en était bien capable ! Cette idée m'a fait frissonner. J'imaginais Da vaquant à ses occupations, battant une omelette avec les œufs de ses poules sous le regard énigmatique de ces bêtes sorties d'on ne sait où, et ça ne me plaisait pas. Il me semblait que Da était en danger.

Non, décidément, rester enfermé ne me valait rien. Les nuages, dehors, étaient si noirs, ça me donnait des idées de la même couleur…

La pluie a enfin cessé après le déjeuner et le ciel s'est un peu éclairci. J'ai aidé maman à essuyer la vaisselle, puis j'ai lancé :

– Bon, je vais chez Da !

– Il n'en est pas question, a-t-elle rétorqué. À la

radio, ils ont annoncé de fortes pluies toute la journée, tu vas te faire saucer. Tu retourneras chez Da demain ou après-demain. D'ailleurs, il n'a peut-être pas que ça à faire, de s'occuper d'un galopin comme toi toute la journée !
Maman avait dit ça gentiment, mais j'ai failli me mettre en colère. Elle ne comprenait donc rien ! Elle ne comprenait donc pas que je ne pouvais pas laisser Da tout seul avec les chats !
J'ai bafouillé :
– Mais… mais…
– Mais quoi ? a-elle repris, un peu étonnée.
J'ai soupiré :
– Rien.
Comment aurait-elle compris ? Je ne lui avais pas parlé des chats. Je ne savais pas pourquoi, mais je ne voulais pas en parler. D'ailleurs, qu'est-ce que ça aurait changé ? Qui aurait pu croire un

vieux monsieur en danger avec des chats ? Oui, qui, à part moi ? Et si on m'avait demandé pourquoi, j'aurais été bien incapable de formuler la moindre explication. C'était une impression, voilà tout. Une sorte de pressentiment.
J'ai haussé les épaules et décidé d'aider maman à laver les pots qu'elle avait remontés de la cave pour ses confitures de fraises. Ça me changerait les idées.

Une bonne dizaine de pots bien propres s'alignaient déjà sur la table de la cuisine quand le bruit inimitable de la camionnette de Da ralentissant devant la maison m'a fait abandonner mon torchon. Avant même qu'il ait donné un coup de klaxon, j'avais ouvert la porte et je courais vers lui.
– Da ! Où tu vas ?

– À la quincaillerie. Tu veux venir avec moi ? Ça te fera une petite balade.

Maman se tenait déjà sur le seuil. Elle a souri en s'essuyant les mains à son tablier. Je me suis tourné vers elle, l'air implorant.

– Allez-y ! a-t-elle dit en riant. Emmenez-le faire un tour, s'il ne vous ennuie pas. Ici, il n'arrête pas de soupirer comme un pauvre chien à la chaîne !

Pendant que nous roulions vers la ville, j'ai demandé à Da :

– Qu'est-ce que tu veux acheter à la quincaillerie ?

– Du grillage.

– Du grillage ? Pour quoi faire ?

– Pour réparer le poulailler. J'aurais dû m'en occuper plus tôt. Je savais qu'il ne tenait plus très bien, mais je remettais toujours à plus tard.

– Et tu vas le faire maintenant ?

– Eh oui, il faut bien ! Cette nuit, un renard a réussi à faire un trou. Il m'a égorgé une de mes meilleures pondeuses.

Une étrange pensée m'a traversé l'esprit. J'ai balbutié :

– Et il l'a… euh… il l'a mangée ?

– Non. C'est bizarre, d'ailleurs. On dirait qu'il l'a simplement saignée avant de la laisser là. Quelque chose l'a sans doute dérangé et il s'est enfui sans emporter sa proie.

J'aurais voulu demander : « As-tu vu un troisième chat ? » Mais c'était une idée folle. J'aurais voulu la chasser de mon esprit aussi facilement que j'avais froissé mon dessin, ce matin-là.

Seulement je n'y arrivais pas.

30 juin 1970

Sale nuit, sale temps, sale journée.
Pas d'appétit. Rien mangé à midi. Ai fait réchauffer pour tout dîner un reste de soupe de légumes que j'ai eu bien du mal à avaler.
La vision de cette poule morte, les plumes trempées par la pluie, gisant la gorge ouverte dans la boue du poulailler, m'a poursuivi toute la journée.
Qu'un renard ait réussi à arracher ce grillage à demi rongé par la rouille n'a pourtant rien de bien étrange. Non, ce qui me tourmente, c'est qu'en découvrant ce pauvre cadavre égorgé,

je n'ai pas été étonné. Comme si quelque chose en moi savait. Savait quoi ?

Mon pauvre vieux, je crois que tu deviens gaga.

Il n'empêche. Dès que la pluie s'est arrêtée, j'ai saisi ce prétexte pour sauter dans ma camionnette et passer prendre Sébasto chez lui. J'avais besoin de sa présence, de sa gaieté, de sa jeunesse.

Il m'a paru bizarrement impressionné par cette histoire de poule. Il est resté silencieux un bon moment, comme s'il remuait des pensées qu'il n'avait pas l'intention de partager. Ça ne lui ressemble pas.

Et voilà qu'en rentrant, je découvre trois chats assis sur les marches du perron. Trois ! Identiquement noirs, avec ces mêmes yeux métalliques.

Dois-je l'écrire ? Ces bêtes me font peur. Je vou-

drais qu'elles s'en aillent, et me découvre incapable de les chasser.

J'ai à nouveau fermé ma porte à clé, dans un dérisoire besoin de protection. Que m'arrive-t-il ? Pas envie de poursuivre la lecture de mon Balzac, ce soir. Tout à l'heure, je me suis tenu un long moment devant ma bibliothèque, parcourant des yeux les rangées de livres avec le vague sentiment de chercher un certain titre, mais sans pouvoir préciser lequel. C'était à la fois exaspérant et angoissant. Comme si je cherchais une réponse sans savoir quelle était la question. Et maintenant, je retarde le moment de me mettre au lit. Angoisse de fermer les yeux, de dormir, de rêver surtout.

Angoisse d'affronter ce qui peut surgir des profondeurs insondables de la nuit.

C'est le lendemain matin que la peur m'a vraiment saisi.

Quand je suis arrivé chez Da, les chats semblaient m'attendre. Ils étaient alignés devant le perron, assis dans leur pose accoutumée, clignant malignement leurs yeux d'argent.

Trois chats.

Ainsi donc, j'avais raison. L'étrange idée qui m'avait effleuré auparavant se vérifiait. Le pre-

mier chat avait bu le sang du pigeon. Le lendemain, ils étaient deux. Deux chats qui avaient bu le sang de la poule. Et maintenant ils étaient trois. Mais comment ? Pourquoi ?
Non, tout cela n'avait aucun sens. Le pigeon, la poule, c'était sûrement un renard qui avait fait le coup, Da avait raison. Et il y a généralement bien plus de trois chats dans une portée !
Oui, mais peuvent-ils être aussi ressemblants ?
Et pourquoi pas ?

J'entendais Da frapper à coup de masse sur des pieux, derrière la maison. Il finissait de réparer son poulailler. J'ai couru vers lui :
– Da !
Il a levé la tête et m'a souri.
– Ça va, Sébasto ? On dirait que le mauvais temps est passé, hein ?

C'était vrai, il faisait beau. Il faisait même déjà chaud. Mais moi, j'avais la chair de poule.
– Da, tu as vu les chats ? Ils sont trois !
Il a ri :
– Oui, on dirait que j'ai hérité de toute une portée. Remarque, ils ne sont pas dérangeants. Ils ne réclament même pas à manger. Ils restent assis là, comme s'ils surveillaient la maison. De parfaits chats de garde !
– Ils se nourrissent de sang, me suis-je écrié. Ils boivent du sang frais !
Je n'avais pas prévu de dire ça. Les mots m'avaient échappé.
Da s'est redressé et m'a regardé d'un air inquiet :
– Qu'est-ce que tu as, mon p'tit rat ? Tu es tout pâle, ça ne va pas ?
Oui, j'étais pâle et transi, et j'avais la nausée.

Je pressentais l'horreur qui se préparait. Et, en même temps, je n'avais aucun moyen de l'imaginer, je ne pouvais pas comprendre. Ça n'avait aucun sens.

Da m'a emmené dans sa cuisine. Les chats nous ont regardés passer, sans bouger de leur place, tournant seulement un peu la tête. Leurs babines relevées leur donnaient l'air de rire à nos dépens.

C'est en buvant le thé à la menthe bien chaud, préparé par Da pour me réconforter, que j'ai enfin osé exprimer les étranges pensées qui tournaient dans ma tête depuis la veille.

J'ai parlé du pigeon, de la plume grise sur le poitrail du premier chat, de l'affreux soupçon qui m'avait saisi quand Da avait parlé de la poule égorgée.

– Et tu vois, j'avais raison ! Ce matin, il y avait

bien un troisième chat ! C'est… c'est… diabolique !

Da a levé ses sourcils étonnés :

– Tu te fais des idées, Sébasto. Il n'y a rien de diabolique là-dedans ! Il n'y a qu'un renard, ou peut-être un blaireau, qui a saigné un pigeon et une poule. Et trois chats assez étranges, je le reconnais, mais qui ne sont jamais que des chats.

– Mais leurs yeux, Da ! Leurs yeux ? Tu disais toi-même que tu n'avais jamais vu un chat avec des yeux comme ça. Alors, trois chats !

– C'est vrai, a reconnu Da, ils ont des yeux inhabituels. Mais s'ils sont de la même portée, cela peut s'expliquer. Encore un peu de thé ?

J'ai fait non de la tête. Je n'étais pas encore tout à fait réchauffé, mais le raisonnement de Da m'avait un peu rassuré.

– Tiens, a-t-il dit, je crois bien avoir quelque

part un gros livre sur les chats. On va regarder si on trouve quelque chose. Il existe peut-être une espèce de chats au pelage noir et aux yeux d'argent, qui sait ?

Il a ajouté en riant :

– Et si nous avons hérité de trois magnifiques bêtes de race, nous gagnerons le grand prix au prochain concours félin, pas vrai, Sébasto !

Cette fois, je n'ai pu m'empêcher de rire avec lui.

Da avait bien dans sa bibliothèque une encyclopédie consacrée aux chats. Je l'ai lue jusqu'à la dernière ligne. Nulle part on ne parlait d'une race de chats noirs aux yeux d'argent.

1ᵉʳ juillet 1970

Sébasto aurait-il raison ? Ces chats auraient-ils quelque chose de diabolique ? Je suis presque prêt à le croire. J'ai fait de mon mieux pour dissimuler mon inquiétude sous la sagesse souriante du vieux grand-père. Je pense y avoir assez bien réussi, Sébasto m'a paru presque rassuré. Mais son raisonnement sur la relation possible entre les bêtes égorgées et la multiplication des chats m'a troublé plus que je ne saurais le dire. Cela semble absurde pourtant, totalement absurde. Cette idée m'aurait fait rire il y a seulement quelques jours. Mais il y a quelques jours, il n'y avait pas de chat noir autour de ma maison. Et mes nuits n'étaient pas traversées de rêves suant l'angoisse et le sang, transpercés de cris, illuminés de flammes. Des rêves d'enfer dont il ne me reste au matin que des images insaisissables et un relent de peur insidieux comme une odeur de tabac froid.

Ce soir, de nouveau, je me suis tenu un long moment devant les rayons de ma bibliothèque, attentif et perplexe. Quelque chose cherche à remonter du fond de ma mémoire, mais quoi ?

À la réflexion, je n'aurais pas dû inciter Sébasto à consulter cette encyclopédie. Cela n'a fait que le confirmer dans l'idée que nous n'avons pas à faire à des chats ordinaires.

Pour être tout à fait honnête, je dois reconnaître que je cherchais d'abord à me rassurer moi-même. J'espérais l'entendre s'écrier triompha-

lement : « J'ai trouvé ! Ce sont des siamois du Pérou, ou des Felis cattus *de Sibérie ! », n'importe quoi qui aurait ramené ces bêtes sorties de nulle part à une catégorie répertoriée, banale et sans mystère.*

Mais le mystère reste entier.

Ce soir, j'ai soigneusement vérifié la fermeture de mes volets et j'ai tourné à nouveau deux fois la clé dans la serrure. J'ai même regretté de ne pas avoir acheté hier à la quincaillerie un verrou supplémentaire. Et, en même temps, je me sens irrité de toutes ces précautions que je devine inutiles. Car si un danger menace, il n'est pas de ceux que l'on peut contenir avec un simple tour de clé.

Pourtant, j'y pense soudain, il n'y a pas eu aujourd'hui de nouvelle apparition de chat ! Ne serions-nous pas en train de nous monter la tête,

Les chats

Sébasto et moi ? Les chats sont des animaux si énigmatiques ! Et ceux-là, noirs et silencieux comme la nuit, avec leur regard de métal, n'auraient-ils pas emballé notre imagination ? Les vieux et les gamins ne sont-ils pas également doués pour mêler leurs fantasmes à la réalité ? Ces chats ne sont certainement que des chats, après tout ! Que pourraient-il être d'autre ?
Je vais peut-être dormir un peu mieux cette nuit.

Le lendemain, les chats étaient toujours trois. Le surlendemain aussi, et je commençais à m'habituer à leur présence. Da avait raison, les bêtes d'une même portée, nées quelque part dans le bois ou dans une ferme des environs, avaient élu domicile chez lui, voilà tout. Et mon imagination en délire avait créé de toutes pièces un roman noir à deux sous parce qu'un renard avait égorgé une malheureuse poule.

D'ailleurs, ces journées ont passé comme un rêve, et je n'ai guère eu le temps de m'inquiéter à cause des chats.

D'abord, la camionnette bringuebalante nous a emportés, Da et moi, au bord d'un lac à une dizaine de kilomètres. Nous y allions chaque été avec le panier de pique-nique et les cannes à pêche. Les bords du lac étaient très fréquentés à cette époque de l'année. Mais Da connaissait une petite plage où l'on n'accédait qu'en coupant à travers les broussailles. De grosses pierres plates formaient une sorte de promontoire où nous pouvions nous asseoir pour pêcher. Et j'adorais me construire des cabanes dans l'épaisseur bruissante des roseaux.

Vers la fin de l'après-midi, nous reprenions la camionnette pour aller jusqu'à la buvette installée près du ponton du loueur de bateaux. Da y

savourait à petites gorgées une bière bien fraîche qui moussait en débordant du verre, et moi une grenadine ou une menthe à l'eau. Puis Da louait une barque et m'emmenait faire le tour du lac. Et ce jour-là, nous avons respecté ce rite immuable qui datait de ma petite enfance. La seule nouveauté, c'est que c'est moi, cette fois, qui ai empoigné les rames et qui ai mené Da pour notre traditionnel tour du lac. J'ai bien failli déclarer forfait aux trois quarts du parcours, mais j'ai tenu bon. Mes bras et mon dos en ont ressenti les courbatures pendant pas mal de temps…
Le lendemain, Da m'a emmené rendre visite à des amis fermiers qui habitent les environs et qui me connaissent aussi depuis que j'étais tout petit. Il y a une immense basse-cour, des cochons, des chèvres, et un brave chien hirsute qui me fait fête quand il me voit arriver.

Ce jour-là, le fermier m'a laissé conduire son tracteur sur toute la longueur d'un sillon, et j'en suis descendu avec l'enivrante impression d'avoir maté un cheval sauvage.

Pour me remettre, sa femme m'a fait avaler un plantureux goûter de pain perdu, dont elle me faisait grésiller l'une après l'autre les tranches dans la poêle en les saupoudrant généreusement de sucre.

Quand je suis rentré ce soir-là à la maison, j'étais ivre de grand air, rouge de coups de soleil. L'été ouvrait pour moi sa malle à trésors où je n'avais plus qu'à puiser, et la vie ne pouvait pas être plus belle.

Comment aurais-je pu imaginer que l'enfer, jouant avec nous comme un chat avec une souris, s'amusait seulement à nous laisser un répit ?

Le lapin a été égorgé la nuit suivante, le géant des Flandres, un gros mâle brun que Da gardait enfermé dans une cage à part. Quand je suis arrivé, ce matin-là, il l'avait déjà dépouillé de sa peau, qui pendait, bourrée de paille, dans l'appentis. J'ai bégayé :
– Da, …tu… tu as tué ton gros lapin ?
Mais au regard qu'il m'a lancé, j'ai deviné la réponse.

Les chats

Il m'a raconté, d'une voix qui se voulait posée, comment il avait trouvé la dépouille de la pauvre bête au milieu de l'allée quand il avait ouvert sa porte ce matin-là, comme si on l'y avait déposé exprès. Il avait alors couru au clapier, s'attendant à trouver le grillage arraché. Mais c'était plus étrange que ça : le loquet de la petite porte avait été ouvert, tout simplement.

Il n'y avait plus de doute. Le lapin, pas plus que le pigeon ni la poule, n'avait été égorgé par un animal sauvage affamé poussé par son instinct. C'était l'œuvre d'un être intelligent qui savait ce qu'il faisait, d'un être malfaisant qui cherchait à nous faire peur. En ce qui me concernait, il avait réussi.

Quand Da eut achevé son récit, je l'ai senti hésiter, comme s'il avait quelque chose à ajouter et qu'il n'osait pas. Mais j'avais déjà compris.

Je lui ai pris la main et j'ai dit à voix basse :
– Les chats… il y en a quatre, maintenant, n'est-ce pas ?
Il a approuvé de la tête sans un mot.
– Je le savais.

Mais qu'est-ce que je savais, au juste ? Que des chats noirs se multipliaient mystérieusement en buvant le sang d'animaux égorgés ? Qu'ils avaient besoin chaque fois d'un peu plus de sang, puisque leur victime était chaque fois un peu plus grosse ?
– Cela n'a aucun sens, a-t-il murmuré, comme s'il répondait à mes interrogations silencieuses.
Non, cela n'avait aucun sens. Pourtant, ces chats n'étaient pas sortis de nulle part ! Alors, d'où venaient-ils ? Que voulaient-ils ? Pourquoi avaient-ils choisi la maison de Da ? Et où étaient-ils,

d'ailleurs, en ce moment ? Je ne les avais pas vus en arrivant.

Mais comme nous entrions dans la maison, les chats, les quatre chats nous attendaient de chaque côté des marches du perron, deux à droite, deux à gauche, dans leur pose habituelle, si semblables, si énigmatiques. Leur regard métallique nous a suivis jusqu'à ce que Da ait refermé derrière nous la porte de la cuisine. Il ne la fermait jamais, d'habitude, par ces belles journées d'été. Mais j'étais bien content qu'il l'ait fait. Je me sentais glacé malgré la chaleur. Et je n'aurais pas supporté d'apercevoir, montant la garde devant la porte, ces quatre dos noirs et lustrés. Puis une nouvelle pensée m'a fait frissonner : cette porte, c'était sur nous qu'elle était refermée, pas sur les chats. Nous étions en quelque sorte leurs prisonniers. Insidieusement, ils nous dic-

taient notre conduite. Da avait sans doute eu la même pensée. Reposant sur la cuisinière la bouilloire qu'il avait remplie d'eau pour préparer du thé, il a traversé la cuisine et a ouvert brusquement la porte en criant :
– On étouffe ici !
Puis il s'est avancé sur le perron en agitant les bras :
– Allez, ouste, les chats ! Fichez-moi le camp !
À ma grande surprise, les quatre bêtes ont détalé en direction du bois.
J'ai éclaté de rire :
– Bravo, Da ! Tu leur as fait peur, à ces sales matous !
Il a grommelé :
– C'est bien mon tour…
Ainsi, Da avait peur, lui aussi ! Il venait de l'avouer.

4 juillet 1970

Comment dire l'angoisse qui m'a saisi ce matin lorsque j'ai découvert le lapin égorgé ? Je n'ai même pas réussi à la déguiser devant Sébasto. Et lui, le pauvre petit, il était terrifié. Il est reparti chez lui bien plus tôt que d'habitude, et je ne saurais lui en vouloir de ce départ qui ressemblait à une fuite. Égoïstement, j'aurais bien aimé le retenir près de moi, pour ne pas rester seul.
Seul avec ces chats…
Je ne les ai pas revus, pourtant. Depuis leur fuite ce matin, ils ne se sont pas montrés.

Mais, bizarrement, leur absence m'inquiète encore davantage.

Le soir tombe, et j'imagine les quatre silhouettes noires à l'affût d'une nouvelle victime, attendant leur ration de sang. Pour être cinq, demain ? Mais dans quel but ? Quel plan infernal ces bêtes sont-elles en train de tramer dans l'ombre, à l'insu des humains ?

23 heures
J'ai retrouvé le livre.
Voilà donc ce que je cherchais vaguement l'autre jour dans ma bibliothèque, sans réussir à déterminer ce que c'était. La mémoire, brusquement, m'est revenue. Du temps où je courais les brocanteurs, m'étant découvert une passion pour l'histoire de notre petite ville et de ses environs, j'avais rassemblé une collection de vieux

bouquins mi-historiques, mi-légendaires. C'est l'un d'eux que je viens de ressortir. Ma main s'est posée dessus sans la moindre hésitation.

Il est là, devant moi, un mince recueil élégamment relié de cuir fauve, comme on en publiait au siècle dernier. Et j'hésite à l'ouvrir.

Il y a des légendes que l'on ne désire pas voir devenir réalité.

2 heures du matin
C'est terrifiant. Tout concorde.
Pourtant cela NE PEUT PAS être vrai !
Ce n'est qu'une légende, j'essaie désespérément de m'en convaincre.
Mais j'en ai l'affreuse certitude, la vérité est inscrite ici, entre ces pages qu'une force obscure attendant son heure m'a poussé à tirer un jour du fouillis poussiéreux d'un bouquiniste. Y aura-

Les chats

t-il donc toujours sur terre des êtres assez fous pour souhaiter voir venir le règne du Malin ?
Je ne pourrai plus dormir, cette nuit.
Je ne pourrai plus dormir, jamais.
Je ne dormirai pas pendant les dernières heures de nuit qui me restent. Trois nuits…
Non, non, c'est un cauchemar.
Je ne peux pas, je ne VEUX pas y croire !

La nuit suivante, j'ai fait le rêve pour la première fois.

Je marchais sur un sentier montant vers le sommet d'une colline. Un vent de tempête miaulait autour de moi comme une horde de chats furieux, tordant les branches des arbres dont je devinais dans les ténèbres les mouvements désespérés.

Le sentier montait toujours, traversant un bois

inconnu et en même temps étrangement familier. J'avais peur, mais il me fallait avancer. Quelque chose m'attendait au sommet de cette colline, quelque chose que je ne voulais pas voir, et que pourtant je devais affronter, quelque chose de noir et de terrible.

Je marchais. Et dans les hurlements du vent, je percevais un nom répété par mille voix, comme une incantation. Mais ce nom, je ne le comprenais pas.

Puis, soudain, ce fut le silence, un silence terrifiant. Le vent et les voix s'étaient tus. Sur le sommet dénudé de la colline était dressée une haute pierre noire dont les contours se dessinaient vaguement dans l'obscurité. La forme de cette pierre m'évoquait… quoi donc ?

Tout à coup, un éclair a illuminé la nuit, et j'ai vu : un chat ! La pierre représentait un chat

gigantesque assis dans cette pose d'idole que j'avais tant de fois observée.

Comme si l'éclair avait donné vie à la pierre, deux yeux se sont allumés dans la tête de la bête, deux prunelles aux reflets de vif-argent. La gueule de pierre s'est ouverte sur un miaulement horrible. Le ciel s'est déchiré, vomissant des nuées incandescentes. Des astres tombant en longs traits de feu explosaient autour de moi comme des bombes, incendiant notre petite ville que je voyais là-bas, au pied de la colline, se tordre dans un brasier de fin du monde, tandis que l'abominable miaulement sortait sans fin de la gueule de la bête.

Alors j'ai compris que l'enfer était venu prendre possession de notre terre.

Renversant la tête en arrière, j'ai hurlé, hurlé, hurlé…

Je me suis réveillé couvert de sueur, la bouche grande ouverte comme si le hurlement que j'avais poussé dans mon rêve continuait d'en sortir.

Il faisait encore nuit, mais le petit vent qui murmurait dans les feuilles, devant ma fenêtre ouverte, apportait déjà la fraîcheur de l'aube qui reviendrait bientôt.

J'ai laissé retomber ma tête sur l'oreiller, haletant. L'étau d'angoisse qui me serrait la poitrine se relâchait peu à peu. J'avais soif.

J'ai fini par me lever et, sur la pointe des pieds pour ne pas réveiller mes parents, je suis descendu à la cuisine boire un grand verre d'eau.

« Quel étrange rêve, ai-je pensé en me glissant de nouveau entre les draps. Est-ce que ce sont ces chats qui… »

Les chats ! Le cœur battant brusquement, je me suis redressé dans mon lit. Ces chats étaient

maudits, j'en étais sûr. Ces chats qui se multipliaient mystérieusement en buvant le sang des bêtes qu'ils égorgeaient, ces chats nous voulaient du mal !

Mais pourquoi ? Et d'où venaient-ils ? Étaient-ils une puissance surgie de l'enfer, comme dans mon rêve ?

J'ai frissonné. La sueur sur mon corps était glacée. Il fallait que j'en parle à Da, dès demain. Il était peut-être encore temps. Il y avait sûrement un moyen.

Mais encore temps de quoi ? Un moyen de faire quoi ?

Je me suis réveillé tard, ce matin-là. Le soleil cognait déjà contre mes vitres et les oiseaux pépiaient dans les branches, insouciants et joyeux. À quel moment m'étais-je rendormi, je n'en avais aucun souvenir, mais je me sentais mieux, comme si ce calme sommeil du matin avait dissipé mes angoisses de la nuit. Je me suis levé pour aller prendre mon petit déjeuner. Après tout, je n'avais fait qu'un mauvais rêve.

Mais quand je suis entré dans la cuisine, mes parents, assis côte à côte devant la table, ont levé la tête et m'ont jeté un étrange regard. Comme s'ils savaient quelque chose que je ne savais pas.

Maman a semblé hésiter, puis elle a demandé :
– Tu vas chez Da, aujourd'hui, Sébastien ?
J'ai hoché la tête en signe d'assentiment. Pourquoi me posait-elle cette question ?
Jetant un regard à mon père, elle a ajouté :
– Je vais aller en ville cet après-midi. Je n'en aurai pas pour très longtemps. Je serai de retour avant que tu reviennes de chez Da.
J'ai hoché la tête à nouveau. Maman allait rare-

ment en ville, mais sans doute avait-elle une course à faire, cela n'avait rien d'étonnant. Alors pourquoi avais-je la désagréable impression qu'elle me cachait quelque chose ?

J'ai bu mon chocolat en silence. Une autre pensée, tout aussi désagréable, venait de surgir dans ma tête, une pensée qui me mettait affreusement mal à l'aise : ce matin, je n'avais pas envie d'aller chez Da.

Oui, j'étais bien forcé de me l'avouer, je ne voulais pas retourner chez Da parce que j'avais peur. Peur de découvrir un cinquième chat.

J'ai mis bien plus de temps qu'à l'ordinaire pour faire ma toilette et m'habiller. Puis, pour retarder encore le moment de mon départ, j'ai entrepris de regonfler les pneus de mon vélo et de graisser les freins, qui n'en avaient nul besoin.

Et, en même temps, je me traitais de lâche. Comment pouvais-je laisser Da tout seul avec ces bêtes de malheur ? Da qui m'attendait !
Les images de mon rêve me revenaient, ce bois obscur, cette pierre dressée au sommet d'une colline… Était-ce le bois qui s'étendait derrière la maison de Da ? Je m'y étais promené souvent, ramassant des châtaignes ou cueillant des jonquilles selon la saison. Je me souvenais en effet d'un sentier qui grimpait, mais je ne m'étais jamais beaucoup éloigné.
Soudain je me suis décidé. J'ai enfourché mon vélo et j'ai pédalé à toute vitesse sur la petite route. J'avais hâte d'arriver, maintenant, hâte de savoir si…

Devant la maison de Da, il n'y avait pas de chat. La porte de la cuisine était ouverte. J'ai gravi en trois bonds les marches du perron.

– Da ?

La cuisine était vide. Une horrible angoisse m'a serré la poitrine. Les chats ? Est-ce qu'ils auraient… ? Puis j'ai entendu un bruit de voix derrière la maison. Que j'étais donc stupide ! Da restait rarement enfermé dans sa cuisine. Ne me voyant pas arriver, il s'était sans doute mis à désherber son jardin ou à tailler ses rosiers. J'ai fait le tour de la maison en courant et j'ai découvert Da dans une allée, une bêche à la main. Il discutait avec un petit homme trapu chaussé de bottes et coiffé d'une casquette, que j'avais rencontré quelquefois, conduisant son tracteur entre les champs de blé.

– Tiens, Sébasto ! s'est écrié Da en me voyant.

Il avait pris un ton joyeux qui m'a paru un peu forcé.

Passant son bras autour de mes épaules, il m'a expliqué d'une voix posée :

– Monsieur Gigon vient de m'apprendre qu'une de ses brebis a été égorgée cette nuit.

Et il m'a serré doucement contre lui, comme pour me dire : « Ne crie pas, ne dis rien, je sais ce que tu ressens. »

Je n'ai pas crié, je n'ai pas dit un mot. Je me suis contenté de trembler de la tête aux pieds.

Monsieur Gigon, visiblement, n'avait rien remarqué. Il s'est éloigné en marmonnant que l'éleveur de dobermans qui s'était installé dans les environs ferait bien de surveiller les bêtes de son chenil…

Ainsi, il pensait que c'était un molosse qui avait égorgé sa brebis ! Mais Da et moi, nous savions que le prédateur, sorti du bois ou d'on ne sait où, était autrement plus inquiétant.

Comme nous retournions lentement vers la maison, j'ai réussi à murmurer :
– Da ? Les chats ?
Il a hésité un instant, puis a reconnu à voix basse :
– J'en ai compté cinq, ce matin, en ouvrant la porte.
Cinq ! Cela ne finirait donc jamais ! Mais que voulaient-ils, à la fin, ces félins de malheur ?

Heureusement, les chats ne se sont pas montrés de toute la matinée. Je n'aurais pas supporté leur présence. Pour m'occuper, Da m'a donné une binette et m'a chargé de désherber ses planches de haricots pendant qu'il arrosait les plants de tomates.
Puis il m'a cuisiné une omelette parfumée aux herbes de son jardin que j'aurais dévorée avec

un bel appétit quelques jours plus tôt. Mais en quelques jours, tant de choses avaient changé ! Un noir nuage de malheur gonflait à l'horizon et nous ne savions ni quand, ni comment, ni pourquoi l'orage crèverait au-dessus de nos têtes. Alors, tout en avalant difficilement quelques bouchées d'omelette, j'ai raconté mon rêve.

Da m'a écouté sans m'interrompre. Puis, laissant les assiettes sales dans l'évier, il a déclaré :

– Nous allons mettre ton vélo dans la camionnette, Sébasto, et je vais te déposer chez toi. Je dois aller en ville cet après-midi.

Étonné, j'ai répété :

– En ville ?

Décidément, tout le monde voulait aller en ville, aujourd'hui !

– Oui, a-t-il ajouté, évasif. Des démarches à faire, que je ne peux plus retarder.

Les chats

Un pli soucieux barrait son front, et je n'ai pas osé l'interroger davantage.

Lorsque je suis arrivé chez moi, la maison était vide. Papa avait été embauché pour la journée par le supermarché, il ne rentrerait qu'assez tard. Et maman était déjà partie.

L'idée m'est venue brusquement. C'était quelque chose d'absurde, mais je devais le faire. Je devais savoir…

La camionnette de Da avait disparu au tournant. Alors j'ai enfourché mon vélo et j'ai remonté la petite route en pédalant de toutes mes forces.

Arrivé près de la maison de Da, j'ai caché mon vélo derrière un buisson et j'ai couru vers le bois. Un sentier s'enfonçait entre les arbres, un sentier qui montait vers la colline…

Le sous-bois était encore humide à cause de la dernière pluie, et mes pas ne produisaient aucun bruit sur la terre molle. Il faisait frais sous les arbres, et j'ai frissonné. Mais ce n'était pas seulement à cause de la fraîcheur.

Des oiseaux se répondaient, ici et là, invisibles. Des feuilles chuchotaient. Parfois une branche craquait et je sursautais. Malgré moi, je jetais des regards inquiets à droite et à gauche, craignant de voir surgir d'entre les buissons des bêtes à l'inquiétant regard métallique. Je me forçais à avancer, un pas après l'autre, retenant mon souffle. J'avais décidé de monter jusqu'au sommet de la colline, mais si j'avais entrevu ne serait-ce que l'ombre d'une oreille noire, je crois que j'aurais fait demi-tour en hurlant.

J'ai pressé le pas, dans la crainte absurde d'être surpris par la nuit. C'était impossible pourtant, je le savais. Il était à peine trois heures. Mais le bois n'était plus cet endroit familier et protecteur où j'étais venu souvent faire des cabanes ou ramasser des châtaignes. Il devenait peu à peu le bois de mon rêve, ténébreux, oppressant. Les oiseaux s'étaient-ils vraiment tus ou étaient-ce les battements de mon cœur résonnant à mes oreilles qui m'empêchaient de percevoir leurs chants ? Faisait-il vraiment plus sombre, ou bien

était-ce une illusion provoquée par l'épaisseur du feuillage ?

Je ne sais combien de temps j'ai suivi ainsi ce sentier qui montait. J'avançais comme dans mon rêve, plein de peur, mais poussé par la volonté de voir quelque chose qu'il aurait peut-être mieux valu ne pas voir...

Enfin les arbres se sont écartés, révélant un large terre-plein envahi par les herbes folles. J'étais en haut de la colline.

Je me suis arrêté, respirant profondément.

Et j'ai trouvé alors ce que j'étais venu chercher.

Au sommet du terre-plein, couchée sous l'entrelacs des herbes et des fougères, il y avait une pierre, une longue pierre noire semblable à une statue tombée de son socle des années ou peut-être des siècles auparavant.

Je me suis approché lentement. J'ai écarté les herbes, cherchant une forme de tête, d'oreilles pointues, l'ébauche d'une gueule ouverte. Mais ce n'était qu'une pierre, une longue pierre à demi enterrée qu'un promeneur distrait n'aurait même pas remarquée.
Bizarrement, je me sentais déçu.
J'ai avancé un peu sur le terre-plein. À travers une ouverture entre les arbres, j'apercevais notre petite ville, en bas, avec ses toits gris, ses rues étroites, sa place ornée d'une fontaine et ombragée par de larges platanes. Une petite ville si paisible où rien de mauvais ne pouvait arriver…
Soudain, une grande ombre s'est étendue sur le bois. Surpris, j'ai levé la tête. D'énormes nuages noirs montés de l'horizon avaient obscurci le ciel. Une rafale de vent a secoué la cime des arbres. Un vol d'oiseaux affolés s'est échappé

d'entre les branches, a tournoyé un instant en poussant des cris stridents, puis replongeant, sous le couvert du feuillage, s'est tu d'un coup, comme s'il avait cessé d'exister. Je ne devais pas rester là une minute de plus ou j'allais me faire tremper !

Brusquement, un éclair a déchiré le ciel et, l'espace d'un instant, dans l'étrange lumière de l'orage, j'ai cru voir la petite ville, là-bas, flamber comme dans mon rêve.

Bien sûr, ce n'était qu'une illusion. Les toits et les rues n'étaient plus qu'une masse obscure où les premières gouttes de pluie allumaient des reflets luisants. Le tonnerre a roulé au loin, et je me suis élancé en courant pour chercher un abri sous les arbres.

Alors un autre éclair a jailli, suivi d'un coup de tonnerre si soudain, si violent, que je me suis retourné. Et au sommet de la colline, j'ai vu la pierre dressée, noire, impérieuse et menaçante. Puis l'obscurité est retombée. Une rafale de vent a courbé les hautes herbes.

Non, il n'y avait rien sur la colline, pas de pierre dressée, ni de statue de chat. Ce que j'avais vu n'était qu'une ombre surgie de mon imagination, à la lumière irréelle d'un éclair.

Un véritable déluge s'est abattu sur le bois tandis que je redescendais le sentier en courant. Malgré l'épaisseur du feuillage, j'étais trempé. Arrivé devant la maison de Da, j'ai grimpé les marches du perron. La porte de la cuisine était fermée. J'ai frappé :

– Da ! C'est moi, Sébasto ! Ouvre-moi, j'ai froid !

Personne n'a répondu. Da n'était pas rentré.

Que faire ? Je ne me voyais pas pédalant jusqu'à la maison sous une pluie pareille ! Da n'allait sans doute pas tarder. De toutes mes oreilles, je guettais le bruit si caractéristique du moteur de sa camionnette. Je fixais, au bout de l'allée, l'amorce de la petite route, espérant apercevoir la lumière jaune de ses phares. Il faisait si sombre maintenant qu'il les aurait sûrement allumés. Mais je ne voyais rien, je n'entendais rien.

Je me suis accroupi contre la porte, sous l'auvent, mes bras enserrant mes genoux relevés sous le menton pour tenter de garder un peu de chaleur, mais je grelottais. Que faisait donc Da de si important en ville ? Pourquoi avait-il l'air si soucieux en partant ? Est-ce que cela avait un rapport avec…

Les chats ! Ces cinq chats de l'enfer ! N'était-ce pas à cause d'eux que l'orage s'abattait sur le bel été de mes vacances ?

Un éclair me fit sursauter. Le fracas du tonnerre éclata presque aussitôt, la foudre n'était pas tombée loin… Je ne suis pas de ceux qui ont peur de l'orage. Pourtant là, seul sous cet auvent, adossé à la porte de cette maison vide, j'ai senti une affreuse angoisse me tordre soudain la poitrine. Mais, je le savais bien, ce n'était pas seulement à cause de l'orage.

Les chats… toujours les chats.

Je m'efforçais de penser à autre chose, à ma nouvelle canne à pêche, à l'histoire drôle que papa avait racontée la veille au dîner et qui m'avait tellement fait rire.

Mais mes pensées revenaient sans cesse aux chats, au pigeon mort sur la route, à la poule égorgée, au lapin saignant sur le gravier de l'allée, à la brebis du voisin…

C'est gros, une brebis. À quoi s'attaqueraient-ils maintenant ? À une vache ? Non, c'était trop gros. Ils choisiraient sûrement quelque chose d'intermédiaire entre la brebis et la vache. Quelque chose de la taille de…

D'un garçon de mon âge, par exemple !

L'image a fulguré dans ma tête : les cinq bêtes aux prunelles luisantes, la gueule ouverte découvrant leurs crocs tranchants comme des

poignards, un grondement menaçant roulant au fond de leur gorge, les cinq chats noirs marchant vers moi, prêts à bondir…
Terrifié, je me suis dressé, hurlant :
– Da !
Mais les chats n'étaient pas là. Ils se terraient quelque part, sans doute, en attendant que la pluie cesse. Chacun sait que ces bêtes-là n'aiment pas l'eau.
Je guettais toujours l'arrivée de la camionnette. Mais je n'entendais que le martèlement de la pluie sur le gravier, le gargouillement étranglé d'une gouttière et le roulement assourdi du tonnerre qui s'éloignait. Da ne revenait pas.
Peut-être avait-il décidé d'attendre dans un café que l'orage s'apaise ?
Avec ses mauvais essuie-glaces, il n'avait sans doute pas voulu prendre le risque de rouler sous

un déluge pareil. Da ne prenait jamais de risque inutile…

Mais alors, cela signifiait qu'il ne rentrerait pas avant la fin de l'orage ! Si le tonnerre s'éloignait, la pluie, elle, semblait même redoubler. Et il faisait si sombre que la nuit paraissait presque tombée. Combien de temps devrais-je rester encore ici, grelottant, sous cet auvent qui ne me protégeait qu'à moitié ?

Alors j'ai vu quelque chose remuer dans l'ombre. Un instant j'ai cru que c'était un reflet sur des pierres. Ou peut-être ai-je voulu le croire.

Ces cinq silhouettes noires, ces oreilles dressées, ces yeux de métal… Les chats.

Ils étaient là, les cinq chats, avançant lentement sous la pluie battante, les babines retroussées, avançant… vers moi !

Quelque chose entre la brebis et la vache…

– NON !

Sans réfléchir, je me suis élancé, quittant l'abri de l'auvent, traversant en trois enjambées la petite cour détrempée. J'ai retiré de derrière le buisson mon vélo, au mépris des branches qui m'arrachaient la peau, j'ai sauté en selle et, sans un regard en arrière, j'ai dévalé l'allée. Pédalant comme un fou sur l'asphalte de la petite route transformée en rivière, la pluie battant sur mon dos comme sur un tambour, je me suis enfui en hurlant.

Ai-je vraiment entendu, derrière moi, ce miaulement sarcastique qui ressemblait à un mauvais rire, ou n'était-ce que le vent sifflant à mes oreilles ?

Arrivé devant chez moi, j'ai à peine eu le temps de laisser tomber mon vélo dans l'allée que la porte d'entrée s'ouvrait :

– Sébastien ! Tu n'étais pas avec Da ?
Je me suis effondré dans les bras de maman en hoquetant :
– Les chats ! Ferme la porte, maman ! Ne laisse pas entrer les chats !
– Les chats ? a-t-elle murmuré sans comprendre. Quels chats ?

5 juillet 1970

J'ai réuni presque tous les éléments, maintenant. Le fonds ancien de la bibliothèque municipale, que j'ai demandé à consulter, m'a confirmé ce qui n'était encore qu'une hypothèse démente. Hélas ! Je ne suis pas fou. Les dates et les témoignages retranscrits par nos archivistes locaux, vieux curés ou nobles désœuvrés, qui prenaient le temps de coucher sur le papier les faits étranges survenus dans leurs paroisses ou sur leurs terres, m'en ont amplement fourni la preuve.
Le journal régional daté de juillet 1900, il y a soixante-dix ans exactement, s'en fait aussi

l'écho, tout en ignorant bien sûr l'origine diabolique des événements qu'il rapporte.

J'essaie d'écrire ces lignes calmement, presque comme si tout cela ne me concernait pas. Si je lâchais la bride aux visions d'épouvante prêtes à m'assaillir, je m'enfuirais en hurlant, abandonnant cette maison et ce pays à l'horreur qui s'y abattra bientôt.

Mais à quoi cela servirait-il de sauver ma peau ? Le plan infernal est presque accompli maintenant. Et moi seul peux y mettre un terme.

Ces chats sont donc bien des démons, Sébasto en a eu l'intuition avant moi. Cette nuit, ils sacrifieront une nouvelle victime, un animal quelconque choisi dans une ferme des environs. Ils boiront le sang chaud qui, par je ne sais quelle alchimie, fera surgir du fond des ténèbres le sixième chat.

Alors, la nuit prochaine, les six chats tenteront d'égorger leur dernière victime, la victime humaine. Car seule la puissance du sang humain peut faire surgir le septième chat, incarnation du démon Astaroth, le maître des feux de l'enfer, qui attend son heure depuis trois siècles, depuis qu'une secte démoniaque installée dans le pays a célébré son culte infâme autour d'une idole de pierre au sommet de la colline.

J'aligne ces phrases comme pour me persuader de leur réalité, car en vérité cela ressemble à une mauvaise histoire inventée pour faire peur aux enfants. Mais si c'est une mauvaise histoire, j'en suis malheureusement le héros.

Que le septième démon n'apparaisse pas, cela ne tient plus qu'à moi, puisque c'est à moi – par quel hasard ou par quel destin ? – que le rituel a été transmis.

Je n'ai pas le choix. Le 7 juillet, le septième jour du septième mois, est proche.
Saurai-je aller jusqu'au bout ?
Et que vais-je dire à Sébastien ? S'il vient demain, s'il découvre un sixième chat, où trouverai-je la force de donner le change, d'inventer une explication boiteuse, de dissimuler l'angoisse mortelle qui me serre le cœur dans un étau de glace ?
Et puis il faudra que je trouve à nouveau un prétexte pour l'éloigner. Je devrai aller en ville acheter des bidons d'essence. Et avant cela, lui écrire une longue lettre pour qu'il sache, pour qu'il comprenne, pour qu'il ne m'en veuille pas, et la poster avant la dernière levée pour qu'il la reçoive dès le lendemain, quand tout sera accompli.
Demain. Mon dernier jour.
Tentation irrésistible de prendre la fuite, de sau-

ter dans ma camionnette et de rouler, pied au plancher, de mettre entre ces démons et moi la plus grande distance possible. Un cri m'étouffe, cri de révolte et de colère : « Pourquoi moi ? »
Mais personne d'autre ne détient la solution. Si je tente de me dérober, d'autres en paieront le prix horrible, Sébastien le premier. Et cela, comment pourrais-je l'accepter ?
C'est à moi qu'est désormais confiée cette tâche terrible, afin que n'advienne jamais le premier jour du règne de l'enfer.

La fièvre m'a fait délirer une partie de la nuit. Mes parents, inquiets, avaient appelé le vieux docteur Klœckner qui soigne mes angines et mes otites depuis que je suis tout petit. Il a diagnostiqué un sérieux refroidissement dû à ma course sous la pluie et un choc nerveux, causé probablement par la terreur de m'être retrouvé tout seul dans un pareil orage. Le docteur Klœckner ignorait que je n'avais pas peur de l'orage…

Allongé sur mon lit, trempé de sueur, je revoyais défiler sous mes paupières mi-closes des images d'épouvante, une grande pierre noire à gueule de chat à qui la foudre donnait vie, les flammes dévorant la petite ville paisible de mon enfance, et cinq bêtes noires aux yeux de métal, aux crocs luisants, qui voulaient me vider de mon sang… Ma mère, penchée sur moi, inquiète, changeait régulièrement les serviettes mouillées d'eau froide qu'elle posait sur mon front pour tenter de faire baisser la fièvre. Au petit matin, juste avant de m'assoupir enfin, je l'entendis murmurer à mon père :

– Mais pourquoi parle-t-il tout le temps de chats ?

Le lendemain, avec une forte fièvre, la gorge enflée et douloureuse, je n'avais plus que les

symptômes d'une grosse angine, maladie que l'on soigne facilement avec du repos et des antibiotiques. Mes parents avaient un sourire rassuré.

Je ne parlais plus des chats. Mais je n'arrêtais pas d'y penser. Et surtout, je pensais à Da, qui était seul, là-bas, avec les cinq bêtes.

Cinq ?

Tout au long de cette nuit où je n'avais cessé de me débattre contre des visions infernales, les oreilles déchirées par le miaulement horrible sorti de la gueule d'une idole de pierre, il avait pu se passer bien des choses. Combien étaient-ils, maintenant, cernant la maison de Da ?

Et pourquoi ? Pourquoi lui ? Pourquoi nous ?

Maman est entrée dans ma chambre, un verre de jus d'orange à la main. La voix rauque à cause de ma gorge douloureuse, j'ai demandé :

– Et Da ? Tu sais s'il est rentré chez lui, hier soir ?

Elle s'est penchée vers moi, posant pour la centième fois sa main sur mon front brûlant :

– Quelle drôle de question, mon chéri. Pourquoi Da ne serait-il pas rentré chez lui ?

J'ai failli répondre : « Mais à cause des chats ! » Je me suis retenu à temps. Je ne voulais plus parler des chats. Cela inquiéterait maman pour rien, et comme je n'avais aucune explication logique à proposer, elle aurait encore pensé que je délirais. J'ai balbutié :

– À cause… à cause de l'orage.

– L'orage s'est apaisé très vite, tu sais. Da est rentré chez lui sans problème.

Elle a hésité un instant, puis elle a ajouté :

– Mais je ne comprends pas, pourquoi tu es retourné là-bas, puisque Da était parti en ville…

Qu'avais-je bien pu raconter, dans mon délire, de mon étrange expédition dans le bois ? Je n'en avais aucun souvenir ! J'ai bégayé une explication lamentable :
– Je... j'avais oublié le... le vieux briquet que Da m'a donné pour ma collection.
– Tu ne crois pas que ça aurait pu attendre ?
Pour m'en tirer, j'ai tourné la tête de côté avec une grimace de souffrance en portant ma main à ma gorge. Aussitôt, maman s'est écriée :
– Tu as mal ? Attends, je vais te redonner un peu de sirop !
Heureusement, maman ignorait que je n'avais jamais fait collection de briquets.
J'ai pris le sirop, j'ai avalé difficilement quelques gorgées de jus d'orange. Mais je pensais toujours à Da. J'avais peur pour lui. Je voulais savoir s'il allait bien. Je voulais le voir.

Les chats

– Maman, est-ce que Da sait je suis malade ?
– Oui, mon chéri, je lui ai téléphoné ce matin pour qu'il ne s'étonne pas de ne pas te voir arriver par ce beau temps. Sois tranquille, il va passer te rendre visite dans la journée.

En effet, il faisait beau à nouveau, ce matin-là, et une fine poussière d'or dansait dans le large rayon de soleil qui traversait ma chambre. Mû par une soudaine impulsion, j'ai repoussé le drap et posé les pieds par terre. Je voulais me lever, courir chez Da.

Mais aussitôt, la tête m'a tourné et je suis tombé sur le tapis.

– Sébastien, s'est exclamée maman, qu'est-ce que tu fais ? Tu vois bien que tu ne tiens pas debout !

Non, je ne tenais pas debout. Je ne pouvais rien faire pour Da. Et je mourais d'angoisse de ne pas le voir.

Ce n'est que vers le début de l'après-midi que le bruit de sa camionnette m'a sorti de la torpeur où j'avais fini par sombrer. Elle descendait la route, elle s'approchait, elle ralentissait. Elle s'arrêtait devant la maison. Je me suis redressé dans mon lit avec un cri de joie :

– Da !

J'ai entendu maman lui ouvrir la porte et bavarder un instant avec lui dans l'entrée.

Je me suis laissé retomber sur l'oreiller. Da était là ! Il était venu me voir !

Il était vivant !

Puis j'ai frissonné, car je venais de penser qu'il était *encore* vivant...

Da est entré dans ma chambre, et maman nous a laissés ensemble. Il s'est assis tout près de moi. Lui aussi, il a tâté mon front. Puis il a pris ma main et l'a gardée dans les siennes. Tout le temps de sa visite, il a gardé ma main dans les siennes et je me souviens même avoir pensé : « On dirait qu'il a peur que je m'en aille ! »
Ce que j'ignorais, c'est que ce n'était pas moi qui devais bientôt m'en aller…

Je ne me rappelle pas de quoi il a parlé. Il a beaucoup parlé, pourtant. Mais je crois que je ne l'écoutais pas vraiment.

Je le regardais, je serrais sa main, et je tournais dans ma tête une question, la seule question qui m'obsédait. Comme je n'osais pas la poser, cette question, j'attendais qu'il aborde lui-même le sujet. Mais Da parlait de tout, sauf de ça.

Au bout d'un moment, il s'est tu, comme si soudain il ne savait plus quoi dire. Alors, à voix très basse – et ce n'était pas seulement parce que j'avais mal à la gorge – j'ai fini par demander :

– Da, les chats… ?

À son regard, j'ai compris qu'il attendait cette question.

Il n'a pas répondu tout de suite. Puis il s'est penché vers moi et il a dit d'un ton qui m'a étonné, un ton définitif :

– Ne t'inquiète plus des chats, Sébasto.
– Tu veux dire… qu'ils sont partis ?
Il a hésité :
– En quelque sorte, oui. Je ne peux pas t'expliquer maintenant, mais demain, je te le promets, tu sauras tout.
– Oh non, Da, ai-je protesté, raconte-moi tout de suite !
Il a secoué la tête en riant :
– Non, non, impossible ! Patiente jusqu'à demain !
Et il s'est levé.
Je me suis redressé sur un coude. Il y avait quelque chose dans son rire qui me faisait peur. De ma gorge douloureuse est sorti une espèce de cri rauque :
– Attends, Da ! Ne t'en va pas ! Pourquoi tu ne veux pas m'expliquer ?

Son visage est redevenu grave. Il s'est penché vers moi, il m'a serré dans ses bras, très fort, en murmurant :

– Tu sauras tout bientôt, mon p'tit rat.

Puis il a marché vers la porte, comme s'il s'enfuyait. Au moment de sortir, il s'est retourné et, levant la main dans un geste d'au revoir, il m'a souri.

Ce sourire, je ne l'oublierai jamais. Il exprimait toute la tendresse que Da avait pour moi. Et autre chose encore, que je n'ai pas su discerner à ce moment-là et qui m'a laissé saisi à la fois d'une froide terreur et d'une étrange sérénité, quelque chose qui était beaucoup plus qu'un adieu. Comme s'il me demandait pardon pour la tâche redoutable qu'il avait à accomplir et qu'il devait garder secrète.

Da a refermé doucement la porte derrière lui et

je me suis laissé retomber sur mon oreiller, frissonnant. La fièvre remontait.

Comme dans un brouillard, j'entendais la voix de ma mère qui parlait avec Da. Je ne distinguais pas les paroles qu'ils échangeaient, ils étaient trop loin. Puis le ton a baissé, est devenu un murmure. Et la même étrange impression que j'avais ressentie un matin, en entrant dans la cuisine, m'a oppressé à nouveau : ils savaient quelque chose que je ne savais pas…

À cet instant, un rire s'est élevé, le rire de ma mère. Un rire léger, heureux qui, étant donné les circonstances, m'a paru totalement incongru.

Maman a raccompagné Da jusque sur le seuil. Ma fenêtre donnait de ce côté de la maison et j'ai entendu distinctement sa voix. Il disait :

– Oui, vous avez raison. Mieux vaut attendre quelques jours, quand tout ira mieux.

Ou peut-être a-t-il dit : « Quand il ira mieux. »
Oui, c'est sans doute ce qu'il a dit, faisant allusion à mon angine. Mais je désirais tellement que TOUT aille mieux ! Car il me semblait obscurément que tout allait de mal en pis…

J'ai entendu claquer la portière de la camionnette. Le moteur a démarré en toussant et en hoquetant, comme à son habitude. Puis le véhicule bringuebalant a descendu la route et je l'ai écouté s'éloigner, tendant l'oreille jusqu'à ce que je ne distingue plus rien que le chuchotement du vent dans les branches des arbres.

Da retournait donc en ville ! Cela m'a paru étrange, car il y allait rarement, hormis les jours de marché. Je me suis promis de guetter son retour. J'espérais qu'il s'arrêterait à nouveau, qu'il pousserait encore une fois la porte de ma chambre, qu'il m'expliquerait tous ces mystères.

Mais Da n'est pas revenu. Je n'ai même pas su combien de temps il était resté en ville. Je m'étais assoupi, assommé par la fièvre, et j'ai manqué le moment où il est repassé devant la maison.

Je n'entendrai plus jamais le bruit de la camionnette de Da descendant la petite route, ni les trois coups de klaxon qu'il donnait toujours quand il se rendait au marché. Bien sûr, ce soir-là, je ne le savais pas. Mais l'espèce de sixième sens qui battait tout au fond de ma fièvre le devinait déjà.

6 juillet 1970

C'est pour cette nuit. J'ai du mal à le réaliser. Déjà le soleil a disparu à l'horizon. Demain, je ne le verrai pas se lever.
Les six chats sont là, rôdant autour de la maison. Ce soir, ils ne s'éloigneront pas à la recherche de leur dernière proie, puisque leur dernière proie, c'est moi.
Mais ils ignorent que je le sais. Ils ignorent que leur échec est programmé.
Le septième chat, le septième démon, n'accomplira pas ses visées infernales, du moins si j'ai la force d'accomplir jusqu'au bout les gestes

du rituel. Il le faut, je le dois. Après moi, la terre sera libérée à jamais de cette malédiction qu'une poignée de fous a provoquée.

J'ai béni le ciel, ce matin, lorsque la mère de Sébasto m'a appris qu'il était au lit avec une forte fièvre. Mon pauvre petit rat ! S'il était venu, comment aurais-je pu lui parler tranquillement, l'occuper à de dérisoires activités de jardinage, dissimuler mon angoisse ? J'ai fait de mon mieux pour lui donner le change, lorsque je suis allé le voir. Mais j'ai bien senti quelle inquiétude le taraude. J'ai beaucoup de peine à l'idée de le quitter.

J'avance dans un cauchemar, attendant contre toute espérance de me réveiller. Je plonge mon regard dans celui de mes bien-aimées dont les portraits sur le mur semblent me suivre des yeux.

Et je sais qu'elles m'approuvent, qu'elles m'attendent.

D'autres aussi m'approuvent et m'attendent, les six hommes ou femmes inconnus qui, tous les soixante-dix ans depuis le 7 juillet 1550, le septième jour du septième mois, se sont sacrifiés pour que n'advienne jamais le règne du démon. Je ne sais d'eux que le nom de leur confrérie : les chevaliers de la Flamme pure, qui sans doute m'aurait fait sourire en d'autres circonstances. Qu'importe ! L'essentiel est d'avoir retrouvé le rituel qu'ils avaient instauré et qui s'est mystérieusement transmis au cours de ces trois derniers siècles. Ils comptent sur moi pour que leur sacrifice ne se soit pas accompli en vain, puisque je suis le septième, le dernier, puisque l'Astaroth n'a droit qu'à sept tentatives...

Les chats

Parfois je me demande si ce sont eux, mes six mystérieux prédécesseurs, qui m'ont attiré dans ce pays, dans cette maison solitaire, au lieu même où devait se produire pour la dernière fois le phénomène infernal. Et ce sont eux aussi, peut-être, qui m'ont fait poser la main sur ce livre parmi tant d'autres, le livre qui allait me révéler la clé de cette horreur. Cela signifie alors que je ne suis pas seul, bien que je me sente à cet instant mortellement abandonné.

Ce cahier brûlera avec moi. N'importe qui, le lisant, n'y verrait que les dernières divagations d'un vieux fou.

Sauf Sébasto. Mais je lui ai tout dit dans la lettre que j'ai postée tout à l'heure. J'aurais pu y joindre mon journal. Ce qui m'en a empêché, c'est peut-être que je puise dans ces lignes écrites en tremblant la force d'affronter l'angoisse affreuse

qui glace peu à peu mon cœur et mon corps. Je garderai donc ces pages avec moi jusqu'au dernier instant comme une sorte de talisman.

Je surveille l'avancée des aiguilles sur l'horloge qui bat, indifférente.

Le ronronnement des rouages, juste avant que sonne l'heure, m'a fait sursauter. Onze heures. Il me reste une heure.

Je vais maintenant tracer sur le sol le cercle et l'étoile à six branches. Je vais déverser sur la maison le contenu des bidons d'essence et j'irai libérer mes bêtes de leurs cages.

Puis j'ouvrirai la porte aux chats.

Cette nuit-là, j'ai fait le rêve pour la deuxième fois. C'était bien le même bois. C'était bien le même vent de tempête tordant les branches des arbres et la même force impérieuse qui me forçait à avancer malgré ma peur sur un sentier ténébreux.

La Bête m'attendait au sommet de la colline, l'idole noire aux yeux de métal incandescent, que la lumière blême des éclairs faisait surgir de la nuit. Et dans les hurlements du vent, des millions de voix infernales psalmodiaient sans fin un nom, le nom que je n'avais pas compris la première fois et que j'entendais maintenant distinctement, le nom de la Bête :

– Astaroth ! Astaroth ! Astaroth !

Les entrailles de l'enfer s'étaient déchirées quelque part et vomissaient sur moi la lave brûlante de l'horreur. Mais cette fois, étrangement, j'ai fait face. Dominant la terreur qui me tordait le ventre, je me suis planté devant la Bête au nom de démon et je l'ai interpellée :

– Pourquoi es-tu venu ? Va-t'en, nous ne voulons pas de toi !

Un miaulement infernal m'a répondu, une sorte de rire sarcastique et dominateur. L'Astaroth était si sûr de sa puissance !

Et moi, je l'ai défié. J'ai crié :

– Tu ne nous fais pas peur ! Nous sommes plus forts que toi ! Retourne dans les ténèbres d'où tu sors !

Car une certitude venait de m'envahir, que les visions de ce rêve dément ne pouvaient entamer : nous deux, Da et moi, nous deux, le vieux et le gamin, que des bêtes au pelage noir, avant-garde de l'enfer, croyaient facilement effrayer, nous étions plus forts que les puissances du mal. Et nous allions le leur prouver !

Alors, dans un sursaut de haine et de colère, la Bête a craché sur moi un long jet de feu qui m'a embrasé comme un fagot de brindilles sèches. Fou de terreur, environné de flammes crépitantes, j'ai entendu à nouveau le chœur infernal scander le nom maudit :

– Astaroth ! Astaroth ! Astaroth !

Les voix enflaient, devenaient assourdissantes.

Et je me suis dressé sur mon lit, brusquement réveillé, les oreilles encore pleines d'un bruit qui s'éloignait et que je reconnaissais soudain.
– Les pompiers !
D'un bond, j'ai couru à la fenêtre et je l'ai ouverte en grand.
Penché jusqu'à mi-corps au risque de basculer, j'ai regardé là-bas, là où la route faisait un coude avant de monter vers les bois, là-bas, vers la maison de Da.
Alors j'ai vu la lueur de l'incendie, les flammes qui montaient toutes droites derrière les haies et les volutes de fumée noire qui se tordaient, avalées par les profondeurs de la nuit.
D'abord je suis resté muet, pétrifié d'horreur.
Puis ma bouche s'est ouverte sur un hurlement de terreur et de désespoir :
– DA !

Dehors, des silhouettes s'agitaient, des voix s'interpellaient. Des voisins sortis de leurs maisons, une robe de chambre hâtivement passée sur leur pyjama, commentaient l'événement avec les exclamations excitées que font si souvent naître le spectacle du malheur d'autrui :

– C'est la maison du vieux ! Vous savez bien, celui qui habite tout seul en bordure du bois ! Non, mais regardez comme ça flambe ! Il devait avoir une réserve d'essence dans son garage, c'est pas possible ! Vous croyez que les pompiers vont sauver quelque chose ? Sûrement pas, c'est déjà trop tard ! S'il est là-dedans, le pauvre vieux, il ne doit déjà rien en rester !

Et moi, penché à ma fenêtre, je me tordais les bras d'impuissance en sanglotant.

Soudain ma porte s'est ouverte. Maman est entrée en courant, elle m'a attrapé à bras le corps,

m'a tiré en arrière et m'a serré convulsivement dans ses bras en répétant :
– Mon petit, mon pauvre petit…

Je n'ai plus qu'un très vague souvenir de la fin de cette nuit de cauchemar. Le vieux docteur Klœckner, appelé en hâte, m'a fait une piqûre pour me calmer, et j'ai dormi.
Oui, alors que là-bas, en bordure du bois, la maison de Da finissait de s'effondrer dans les sifflements horribles de l'eau sur le feu, moi, j'ai dormi, d'un sommeil sans rêve et profond comme le désespoir.

Mon Sébasto, mon p'tit rat,

Quand tu liras ces mots, tout sera accompli. J'ai beaucoup de peine à l'idée de ne te laisser en souvenir de moi que de la peur et du chagrin. Mais je vais tout t'expliquer et tu comprendras que c'est la seule chose à faire. Et peut-être, plus tard, quand tu seras consolé, peut-être même seras-tu fier de ton vieux Da...

Ainsi commençait la lettre que j'ai reçue le lendemain. Le facteur avait sonné, car il apportait trois paquets à mon nom qui ne rentraient pas dans notre boîte aux lettres. L'un d'eux était un long étui qui contenait ma canne à pêche neuve. L'autre, carré et plat, emballait mon panier à poisson. Le troisième était une lourde enveloppe de papier kraft d'où sont tombés, quand je l'ai ouverte, un vieux livre et cette lettre.
L'enveloppe était barrée d'une inscription, en hauts caractères impérieux tracés à l'encre bleue : *STRICTEMENT PERSONNEL.*
Mes parents ont respecté cette mystérieuse consigne. Et même s'ils ont ressenti le désir légitime de m'interroger, jamais ils ne l'ont fait, comprenant qu'il y avait là un message secret à moi seul adressé.
Je leur en ai toujours été profondément recon-

naissant, car ce matin-là, quand les trois paquets sont arrivés, ils auraient pu lire la lettre sans que je me rende compte de rien. Les tremblements et les sanglots convulsifs qui m'ont saisi à la seule vue de l'écriture de Da me rendaient incapable de déchiffrer quoi que ce soit.

Cette lettre, ce livre, je les ai lus et relus au point de les savoir par cœur. Et il m'a fallu du temps pour accepter leur contenu. La vérité était tellement incroyable, tellement implacable !

La vérité, personne ne pouvait la soupçonner. Personne n'a jamais rien compris au drame qui s'était joué cette nuit-là. Le compte rendu qu'en a fait le journal local, et qui a longtemps alimenté les conversations dans notre petite ville, soulignait trois énigmes : d'abord, comment le feu avait-il pu se déclarer si brusquement et avec une telle violence, au point que, lorsque les pompiers étaient arrivés quelques minutes après le jaillissement des premières flammes, la maison était déjà totalement embrasée ? L'hypothèse que les quatre ou cinq bidons d'essence, dont les carcasses avaient été retrouvées dans l'appentis, se seraient enflammés semblait exclue.

Ensuite, et surtout, que pouvaient bien signifier ces six petits cadavres carbonisés – probablement des chats, disposés en un cercle parfait autour du corps du vieil homme qui avait péri dans l'incendie ?

La troisième énigme concernait les poules et les lapins que l'on avait retrouvés le lendemain errant à proximité des ruines encore fumantes, comme s'ils n'arrivaient pas à s'éloigner de leur poulailler et de leurs clapiers détruits. Leur propriétaire les avait-il fait sortir lui-même des

cages ? En ce cas, cela signifierait qu'il avait volontairement mis le feu à sa maison. Mais pourquoi ?

L'article concluait l'affaire avec un petit paragraphe émouvant sur la détresse des personnes âgées face à la solitude qui les pousse parfois à des gestes désespérés.

Non, personne ne pouvait deviner la vérité.

La vérité, elle tenait dans cette enveloppe ouverte sur mes genoux, et je devais rester le seul à la connaître, selon le désir de Da. Il avait raison. Qui aurait pu croire à ce récit insensé ? Mais moi, j'avais vécu avec lui la mystérieuse multiplication des chats aux yeux d'argent. J'avais même eu avant lui l'intuition de leur origine infernale.

Quelques jours plus tard, ma fièvre était tombée, mais j'étais sans forces, comme au sortir d'une longue maladie. Pourtant je voulais vérifier quelque chose.

Je suis allé en ville, j'ai poussé la porte de la bibliothèque et demandé à consulter les archives. La jeune bibliothécaire a levé sur moi un regard étonné :

– Les archives ? Que cherches-tu exactement ?

Comme dans un état second, j'ai répondu :
– Des documents sur les adorateurs de l'Astaroth.
– Tout ce que nous possédons, a murmuré la jeune femme, ce sont quelques ouvrages légendaires. D'ailleurs, ces livres n'ont pas encore été redescendus. Un vieux monsieur les a demandés la semaine dernière.
Elle s'est interrompue soudain, vaguement troublée :
– N'est-ce pas le vieux monsieur qui…
– Oui, ai-je répondu d'une voix dont la fermeté m'étonna moi-même, le vieux monsieur qui est mort dans l'incendie de sa maison.
J'ai hésité une seconde, puis j'ai ajouté :
– C'était mon grand-père.
– Ah ! a-t-elle seulement dit.
Et elle m'a donné les livres.
Je me suis assis à l'écart et je les ai feuilletés, les

mains tremblantes, conscient de refaire les mêmes gestes que Da quelques jours plus tôt. J'ai vite retrouvé le passage que je cherchais, la description du rituel auquel il faisait allusion dans sa lettre :

« Tracer au sol l'étoile à six branches contenue dans un cercle. Et juste avant que sonne l'heure d'entrer dans le septième jour du septième mois, se placer au centre du cercle en invoquant sept fois le nom d'Astaroth. On aura pris soin auparavant d'imprégner le sol, les murs de la maison et ses propres vêtements de poix ou de toute autre matière propre à s'enflammer sur le champ. À l'invocation du nom d'Astaroth, les six chats viendront se placer sur les six pointes de l'étoile. Allumer alors le feu au douzième coup de minuit. Et l'Astaroth, vaincu, retournera aux enfers d'où il ne doit jamais sortir. »

Une vision de flammes rougeoyantes et de noirs tourbillons de fumée est venue soudain brouiller les mots sur la page du livre. Où Da avait-il puisé un pareil courage ? Alors les larmes me sont montées aux yeux, car je savais bien qu'il avait accompli ces gestes effrayants pour moi, pour me protéger de cette horreur…

– As-tu trouvé ce que tu cherchais ? m'a demandé la bibliothécaire comme je quittais la grande salle.
– Oui, madame, ai-je répondu.
Elle m'a fixé d'un œil intrigué jusqu'à ce que je tire la porte derrière moi.

C'est au soir d'une de ces journées étranges, journées de deuil et de convalescence, que mes parents se sont enfin décidés à parler.
Maman m'a attiré près d'elle, sur le canapé, et elle a murmuré d'une voix un peu tendue :
– Sébasto, il faut que tu saches quelque chose…
Ainsi je l'avais deviné ! Depuis le début, ils savaient quelque chose que je ne savais pas !
Non, pas depuis le début, depuis le jour du qua-

trième chat, le jour où maman était allée en ville, le jour où Da, lui aussi…

J'ai attendu la suite en retenant mon souffle.

Alors papa a dit :

– Tu le sais, mon garçon, la vie est faite de peines et de joies, qui s'entremêlent étrangement parfois. La peine, ces temps-ci, tu en as eu plus que ton compte, et nous la souffrons avec toi. Mais nous avons pensé que le moment était venu de te faire partager ce qui est pour nous une très grande joie.

– Une joie que nous n'espérions plus, a ajouté maman.

J'ai commencé à deviner, mais je n'osais pas y croire, pas encore.

Maman a continué :

– Tu te souviens de ce jour où je suis allée en ville ?

J'ai hoché la tête en silence.

– Eh bien, j'ai vu un médecin, un spécialiste. Et il a confirmé ce dont je me doutais sans en être sûre, tant cela me paraissait incroyable.

Je la regardais sans rien dire.

– Nous allons avoir un autre enfant, Sébasto ! Tu vas bientôt avoir un petit frère !

– À moins que ce ne soit une petite sœur ! s'est exclamé papa.

Il nous a enlacés, maman et moi. Et tous les trois, nous nous sommes mis à rire et à pleurer en même temps.

Un bébé ! Da était mort. Et voilà que ma mère attendait un bébé !

Une énorme bulle de bonheur et de chagrin mêlés enflait dans ma poitrine à m'étouffer. Quand elle a éclaté enfin, j'ai pleuré longtemps, à gros sanglots, tandis que maman me berçait contre elle comme un tout-petit. Et je sentais le nœud d'affreuse tristesse, qui me serrait le cœur depuis la mort de Da, se défaire peu à peu.

À partir de ce moment, j'ai pu penser à lui avec une peine très douce, une profonde tendresse et une immense fierté.

L'été s'écoulait lentement. Certains de mes copains d'école étaient revenus de vacances, mais je ne voulais voir personne. J'errais dans la maison, dans le jardin, désœuvré. J'aidais un peu maman, parfois j'accompagnais papa quand on lui demandait quelques travaux de menuiserie ici ou là. J'allais faire un tour en ville. Mais j'étais incapable de passer sur la place, là où se tenait la boutique de chasse et pêche. Et il me semblait que plus jamais je ne pourrais m'asseoir au bord de la rivière avec ma canne, mes lignes et mon hameçon tout neufs qui avaient si

peu servi.

Et puis, un matin, j'ai pris une grande décision. Enfourchant mon vélo, j'ai roulé jusqu'au cimetière. Je n'y étais pas allé après la mort de Da. Au bord d'un chemin, j'ai cueilli une énorme brassée de coquelicots, de feuillages et de graminées. Puis j'ai poussé la grille et j'ai cherché la tombe.
Elle était toute simple, recouverte d'une dalle de granit. J'ai déposé mes fleurs sur la pierre nue. Puis j'ai murmuré :
– Je t'aime.
Il le savait, bien sûr, mais je ne le lui avais jamais dit.

Il me restait encore une chose à faire, la plus difficile. J'ai remonté la route jusqu'à l'allée qui menait vers ce qui avait été la maison de Da.

J'ai laissé tomber mon vélo dans l'herbe, comme je l'avais fait tant de fois.

J'ai avancé encore et j'ai regardé.

J'ai regardé longtemps.

Un enchevêtrement de poutres noircies, c'était tout ce qui restait. J'ai fermé les yeux. J'ai revu ces moments heureux où nous mangions des crêpes au chocolat, Da et moi, à l'ombre fraîche du pommier. Ses feuilles étaient toutes roussies maintenant, et ce n'était pas à cause de l'automne qui approchait. Je me demandais si l'arbre s'en remettrait.

Devant le seuil calciné, il n'y avait pas de chat.

Il n'y en aurait plus jamais.

Puis j'ai regardé vers le bois. Un instant, j'ai été tenté de reprendre le sentier obscur, de monter à nouveau sur la colline. Mais c'était inutile.

Je n'avais plus rien à vérifier. L'idole de l'Astaroth que j'avais vue se dresser dans mon rêve n'était plus qu'une pierre inerte étouffée par les herbes folles.

Un sentiment d'étrange douceur m'a envahi alors, la certitude que dans le lieu de paix et de lumière où ils se trouvaient réunis pour l'éternité, les héroïques chevaliers de la Flamme pure avaient accueilli avec joie un nouveau membre dans leur confrérie.

J'ai repris mon vélo, j'ai redescendu la petite route toute chaude de soleil.

Le vent qui séchait mes larmes sentait le chèvrefeuille.

*Cet ouvrage
a été reproduit
et achevé d'imprimer
en octobre 1997
par l'Imprimerie Floch
53100 – Mayenne.*